ALPHABET

DE

L'HISTOIRE DES ANIMAUX.

ALPHABET

DE

L'HISTOIRE DES ANIMAUX.

ALPHABET

DE

L'HISTOIRE DES ANIMAUX,

CURIEUX ET INSTRUCTIF,

OU

LEÇONS SYLLABIQUES

DE LECTURE, D'INTELLIGENCE ET DE DOCILITÉ,

MISES A LA PORTÉE DES ENFANS,

Opuscule orné de 27 Sujets gravés en taille-douce, avec leur explication en gros caractères variés, la connaissance des Chiffres romains et arabes, quelques Fables, etc.

CLERMONT,

DE L'IMPRIMERIE D'AUGUSTE VEYSSET,

LIBRAIRE, RUE DE LA TREILLE, N° 14.

1826.

ALPHABET
DE
L'HISTOIRE DES ANCIENS

PEUPLES SAUVAGES,

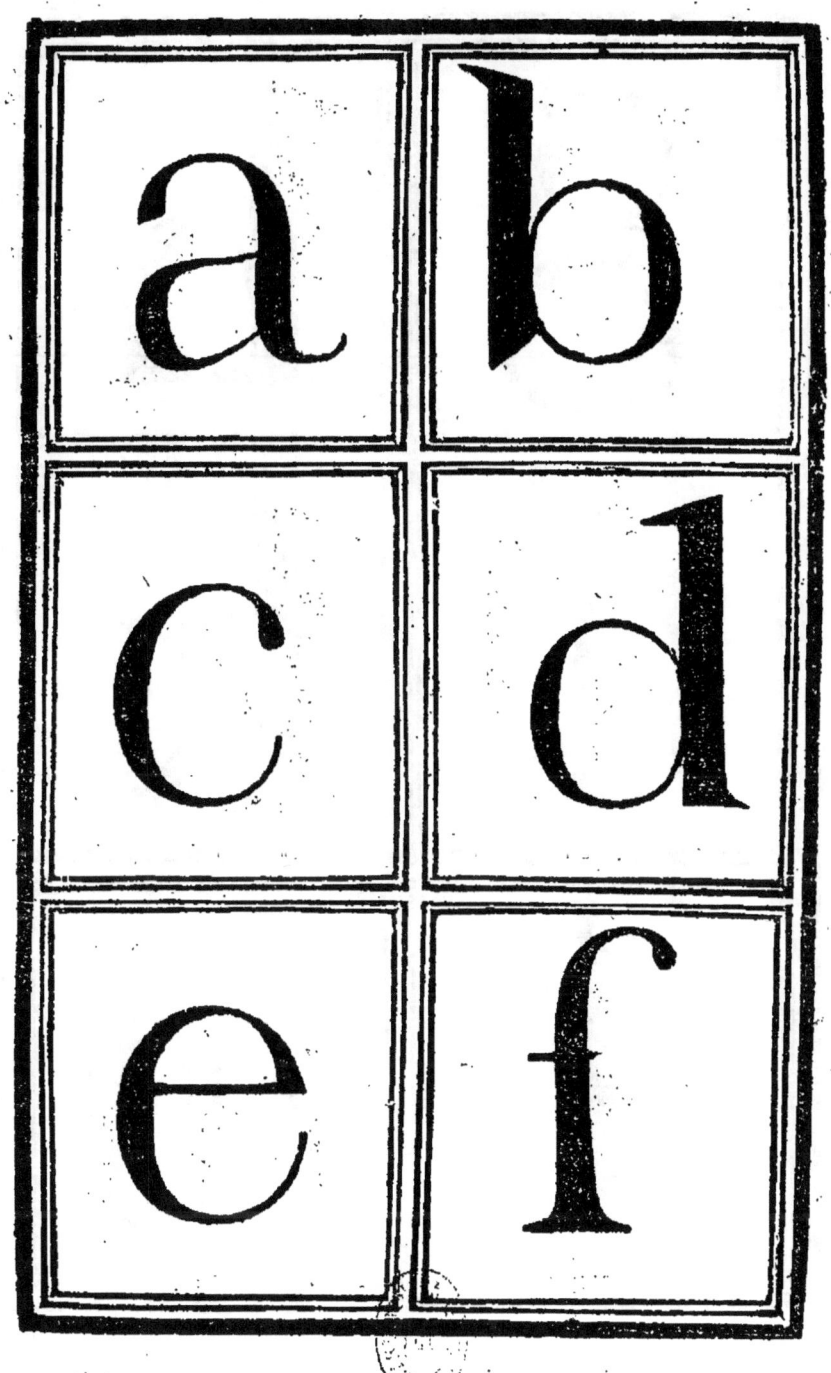

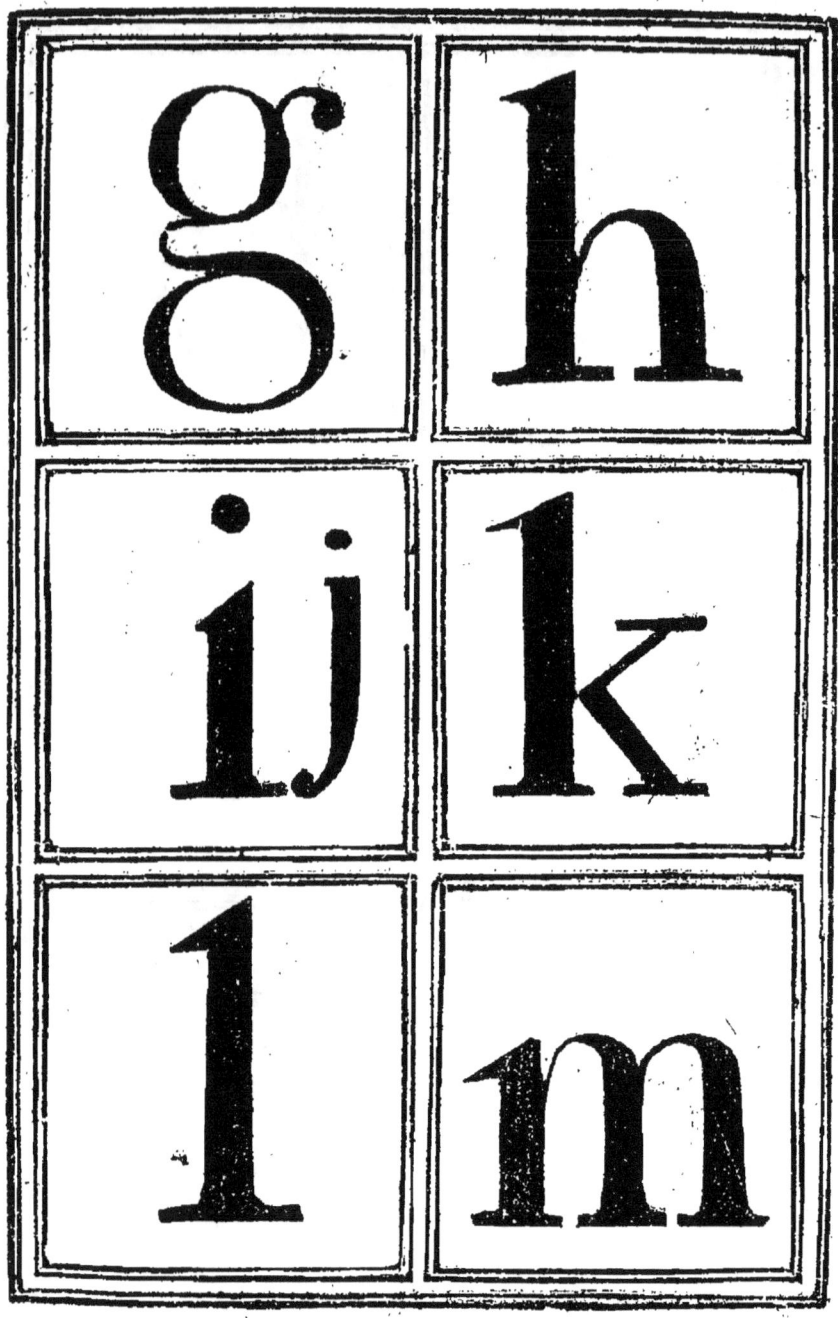

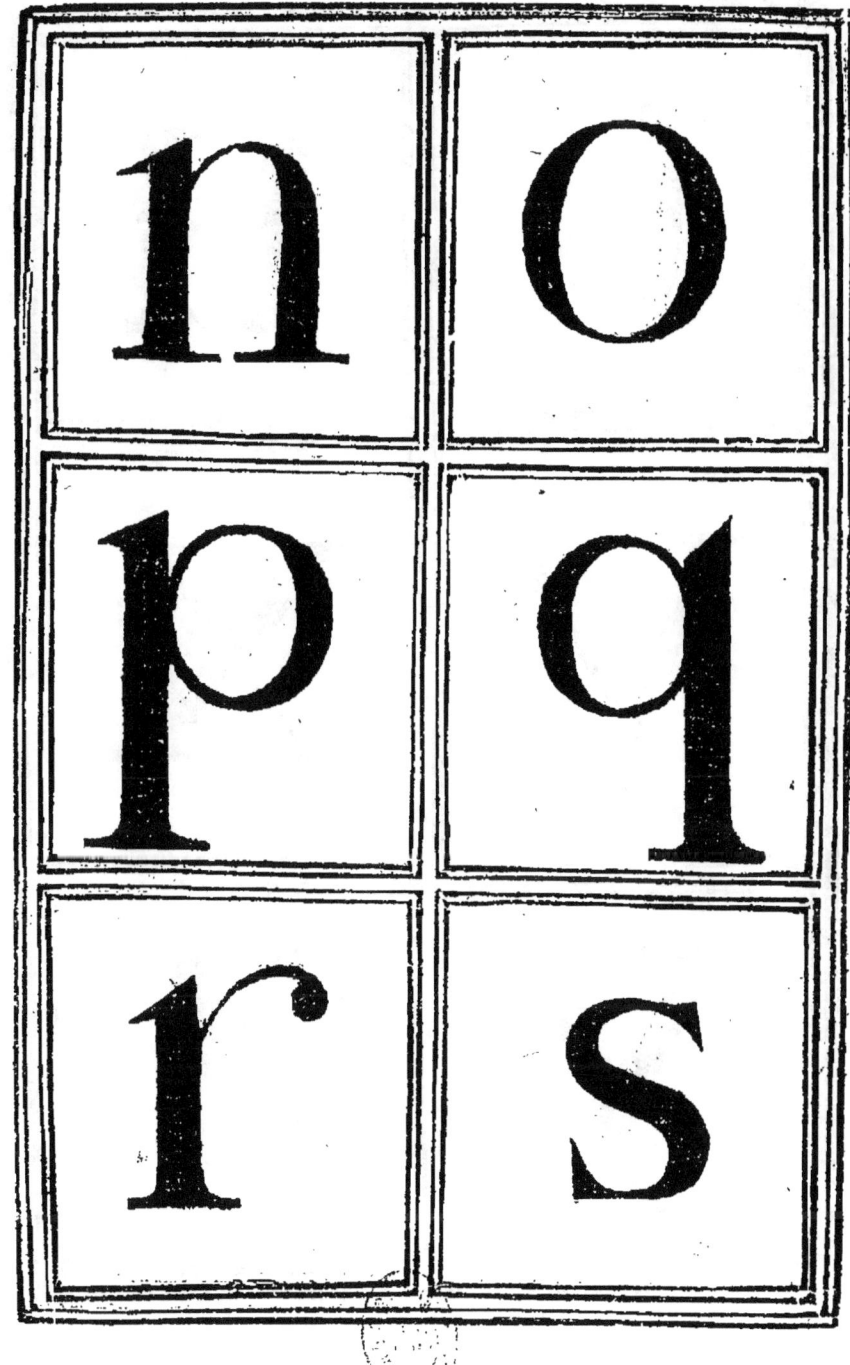

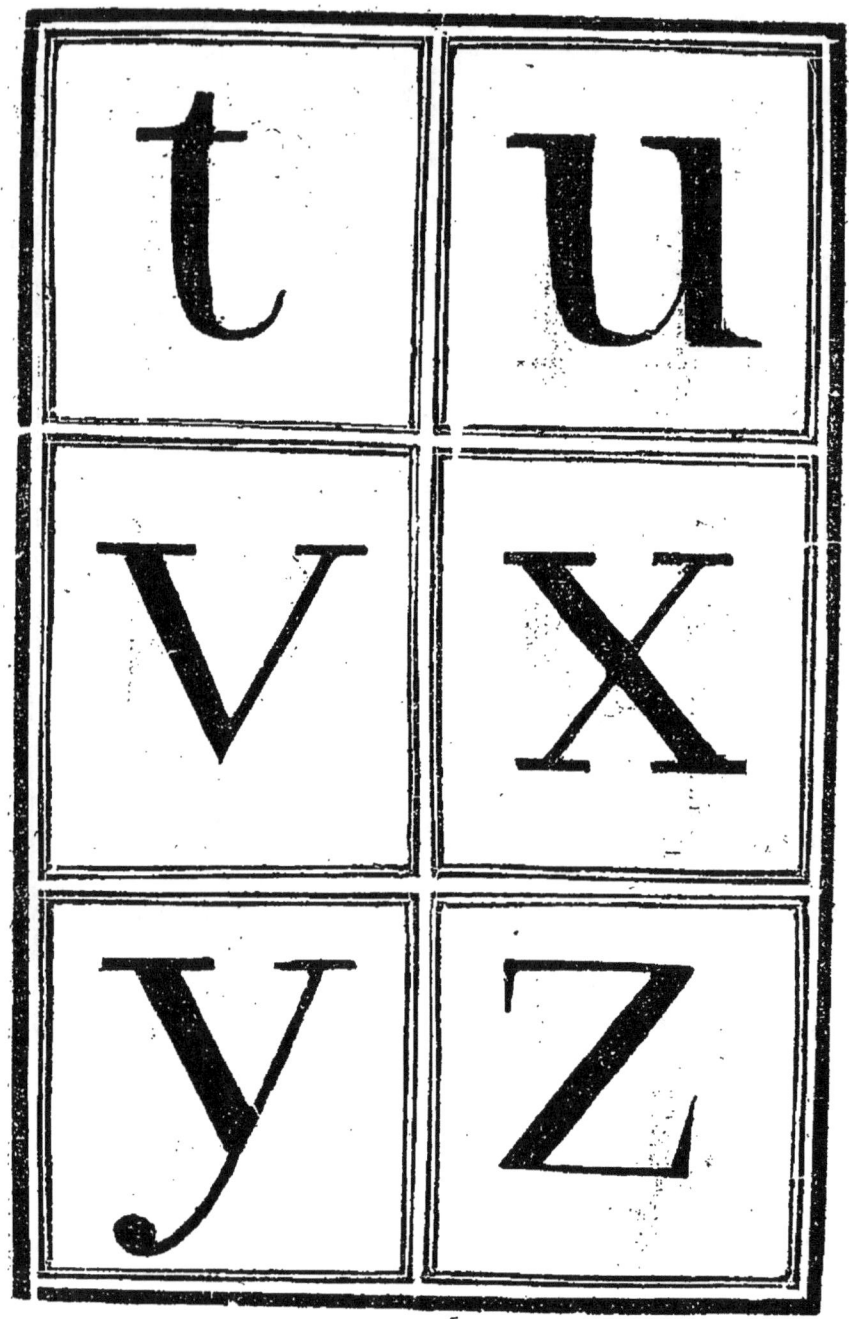

(9)

ABCD
EFGH
IJKL
MNOP
QRST
UVXYZ.

(10)

A B C D
E F G H
I J K L
M N O P
Q R S T
U V X Y Z.

a *a* A b *b* B c *c* C
d *d* D e *e* E f *f* F
g *g* G h *h* H i *i* I
j *j* J k *k* K l *l* L
m *m* M n *n* N o *o* O
p *p* P q *q* Q r *r* R
s *s* S t *t* T u *u* U
v *v* V x *x* X y *y* Y
z *z* Z.

Les Voyelles.

A	a	*a*	O	o	*o*
E	e	*e*	U	u	*u*
I	i	*i* ou	Y	y	*y*

Les Consonnes.

B	b	*b*	F	f	*f*
C	c	*c*	G	g	*g*
D	d	*d*	H	h	*h*

Alphabet interverti.

Z	z	*z*	Q	q	*q*	I	i	*i*
Y	y	*y*	P	p	*p*	H	h	*h*
X	x	*x*	O	o	*o*	G	g	*g*
V	v	*v*	N	n	*n*	F	f	*f*
U	u	*u*	M	m	*m*	E	e	*e*
T	t	*t*	L	l	*l*	D	d	*d*
S	s	*s*	K	k	*k*	C	c	*c*
R	r	*r*	J	j	*j*	B	b	*b*
			A	a	*a*			

Syllabes de deux lettres.

La consonne en tête.

BA	be	*bi*	BO	bu
ca	CE	ci	*co*	CU
da	*de*	DI	do	*du*
FA	fe	*fi*	FO	fu
ga	GE	gi	go	GU
ha	*he*	HI	ho	*hu*
JA	je	*ji*	JO	ju
ka	KE	ki	*ko*	KU
la	*le*	LI	lo	*lu*

MA	me	*mi*	MO	mu
na	NE	ni	*no*	NU
pa	*pe*	PI	po	*pu*
QUA	que	*qui*	QUO	quu
ra	RE	ri	*ro*	RU
sa	*se*	SI	so	*su*
TA	te	*ti*	TO	tu
va	VE	vi	*vo*	VU
xa	*xe*	XI	xo	*xu*
ZA	ze	*zi*	ZO	zu

(16)

La voyelle en tête.

AB	eb	*ib*	OB	ub
ac	EC	ic	*oc*	UC
ad	*ed*	ID	od	*ud*
AF	ef	*if*	OF	uf
ag	EG	ig	og	UG
ah	*eh*	IH	oh	*uh*
AJ	ej	*ij*	OJ	uj
ak	EK	ik	*ok*	UK
AM	em	*im*	OM	um
an	EN	in	*on*	UN

ap	*ep*	**IP**	op	*up*
AQ	*eq*	*iq*	OQ	uq
ar	**ER**	ir	*or*	**UR**
as	*es*	**IS**	os	*us*
AT	et	*it*	**OT**	ut
av	**EV**	iv	*ov*	**UV**
ax	*ex*	**IX**	ox	*ux*
AZ	ez	*iz*	**OZ**	uz

Syllabes de trois lettres.

Bla	ble	bli	blo	blu
Bra	*bre*	*bri*	*bro*	*bru*
Cha	che	chi	cho	chu
Cla	*cle*	*cli*	*clo*	*clu*
Cra	cre	cri	cro	cru
Dra	*dre*	*dri*	*dro*	*dru*
Fla	fle	fli	flo	flu
Fra	*fre*	*fri*	*fro*	*fru*
Gla	gle	gli	glo	glu
Gna	*gne*	*gni*	*gno*	*gnu*
Gra	gre	gri	gro	gru
Gua	*gue*	*gui*	*guo*	*guu*

Kla	kle	kli	klo	klu
Kna	*kne*	*kni*	*kno*	*knu*
Kra	kre	kri	kro	kru
Pha	*phe*	*phi*	*pho*	*phu*
Pla	ple	pli	plo	plu
Pra	*pre*	*pri*	*pro*	*pru*
Rha	rhe	rhi	rho	rhu
Sca	*sce*	*sci*	*sco*	*scu*
Sta	ste	sti	sto	stu
Tha	*the*	*thi*	*tho*	*thu*
Tla	tle	tli	tlo	tlu
Tra	*tre*	*tri*	*tro*	*tru*
Vla	vle	vli	vlo	vlu
Vra	*vre*	*vri*	*vro*	*vru*

Syllabes de quatre lettres.

Chla	chle	chli	chlo	chlu
Chna	chne	chni	chno	chnu
Chra	chre	chri	chro	chru
Khla	khle	khli	khlo	khlu
Khna	khne	khni	khno	khnu
Khra	khre	khri	khro	khru
Phla	phle	phli	phlo	phlu
Phna	phne	phni	phno	phnu
Phra	phre	phri	phro	phru
Squa	sque	squi	squo	squu
Thla	thle	thli	thlo	thlu
Thna	thne	thni	thno	thnu
Thra	thre	thri	thro	thru

DIPHTHONGUES		SYLLABES	
Ou son unique de plusieurs voyelles.		NAZALES	
		Ou qui se prononcent un peu du nez.	
æ	*œ*	an	*an*
ai	*ai*	en	*en*
au	*au*	in	*in*
ei	*ei*	on	*on*
eu	*eu*	un	*un*
ey	*ey*		
œ	*œ*	aim	*aim*
oi	*oi*	ain	*ain*
ou	*ou*	aon	*aon*
oy	*oy*	ein	*ein*
aou	*aou*	eun	*eun*
eau	*eau*	oin	*oin*
eou	*eou*	ouin	*ouin*

Mots d'une syllabe.

Simples.	Diphthongues.	Nazales.
as	air	an
bal	biais	bon
cor	cœur	cent
dos	dais	daim
eh !	eau	en
fat	foi	fond
grec	grais	gant
hors	,,	hein ?
il	,,	,,
jet	jeu	Jean
lot	loup	lent
mal	moi	main

nez	nœud	nom
or	oui	oint
pas	pied	pont
que	quoi	quand
riz	roi	rien
sot	soir	sang
turc	toit	tan
ut	,,	un
vol	veau	vin
,,	yeux	,,

Mots de deux syllabes.

Ac - tif	Moi - neau
Bil - let	Na - nam
Ca - lin	Om - bre
Do - do	Pa - pa
E - cu	Quil - le
Fa - tal	Ra - bot
Gi - got	Sou - lier
Hom - me	Tou - tou
I - ci	U - trecht
Jou - jou	Vi - vres
Ka - bris (*)	Xan - the
Li - vre	Zi - zi

(*) Nom propre de l'homme tatoué que l'on faisait voir au Palais-Royal en 1817.

Mots de trois syllabes.

Ac - ti - on	Ni - co - las
Ba - bil - lard	Ou - ra - gan
Ca - pri - ce	Pa - res - se
Da - go - bert	Qui - con - que
Em - bar - ras	Ra - tu - re
Faus - sai - re	Si - len - ce
Gen - dar - me	Tein - tu - rier
Her - ba - ge	U - sa - ge
I - voi - re	Vi - o - lon
Jo - cris - se	Xan - tip - pe
Lou - an - ge	Y - ve - tot
Ma - ter - nel	Zo - py - re

Mots de quatre syllabes et plus.

Ca-bri-o-let.
Vi-o-len-ce
Ins-ti-tu-teur
A-ba-sour-dir
Com-men-ce-ment
In-gra-ti-tu-de
In-at-ten-ti-on
Pa-tri-mo-ni-al
Sa-cri-fi-ca-teur
Ma-li-ci-eu-se-ment
Mo-no-syl-la-bi-que
Ex-tra-or-di-nai-re-ment
Cons-ci-en-ci-eu-se-ment.

SIGNES ORTHOGRAPHIQUES.

Ponctuation.

Virgule (,).
Point et virgule (;).
Deux points (:).
Un point (.).
Point d'exclamation (!).
Point d'interrogation (?).
Trait d'union (-).
Trait de séparation (—).
Guillemets (« »).
Parenthèses ( ).

Accens.

Aigu (´). Grave (`).
Circonflexe (^).

Apostrophe (').
Tréma (¨). Cédille (ç).

Petites phrases à épeler (*).

Ju les s'est pro me lné hi- er, l'a près-mi di, à la cam- pa gne; il y a ren con tré un de ses maî tres, qui lui a dit : « S'il fait beau de main, vien drez-vous en co re i ci? — Oui, sans dou te! (a ré- pon du Ju les). »

Il a fait bien froid le jour de Noël, et je con nais u ne pe ti te fil le qui a re çu u ne bon ne le çon ce jour-là.

Son pa pa lui a vait dé-

(*) Il faut avoir soin de faire reconnaître par l'en- fant les divers signes qui divisent ces phrases.

fendu d'aller au jardin, à cause du verglas : elle a désobéi, et dès les premiers pas elle est tombée ; s'il lui arrive d'y retourner, elle consent qu'on la punisse rigoureusement.

Je n'ai pas vu depuis bien long-temps mon petit cousin (qui est plus grand que moi, s'il vous plaît) : s'il venait, il me ferait plaisir ; car je l'aime beaucoup. Eh ! n'aurais-je pas tort de le haïr ? Il est si aimable avec moi ! Toutes les fois qu'il vient nous voir, il m'apporte des bonbons ou des joujoux.

J'ai été une fois bien embarrassé! Ce jour-là, il n'avait rien apporté : « Viens avec moi (me dit-il), tu choisiras ce que tu voudras, des joujoux ou des bonbons. — Oh! mon cousin (répondis-je), vous avez bien de la bonté. — Il ne s'agit pas de ça; je veux que tu prennes à ton goût. »

Après un petit moment d'hésitation, j'ai choisi les dragées : eh bien! Maman a dit : « Voilà de la gourmandise! »

J'ai bien vu que Maman n'avait pas tout à fait tort, car je n'ai pas plutôt eu les bonbons qu'ils ont été mangés; au lieu que les joujoux me seraient restés pour m'amuser au moins un peu de temps.

On ne me reprochera pas (du moins je l'espère) d'être un paresseux comme beaucoup d'enfans que je pourrais nommer, si ce n'était pas un vilain défaut de rapporter contre ses petits camarades : on n'a pas de peine à me faire prendre mon livre pour étudier, et déjà je lis presque couramment jusqu'à cette page; aussi m'a-t-on bien promis de me récompenser.

*Dis donc, Maman, est-ce qu'il ne te semble pas que j'épelle mieux aujourd'hui que ces jours passés ? Je lis dans tes regards que tu n'es pas trop mécontente; je me flatte donc de lire demain l'*Histoire *des* Animaux.

HISTOIRE
DES
ANIMAUX
REPRÉSENTÉS DANS CE LIVRE.

A   ANE.

L'Ane est de son naturel aussi humble, aussi patient, aussi tranquille, que le cheval est fier, ardent, impétueux; il souffre avec constance, et peut-être avec courage, les châtimens et les coups; il est sobre, et sur la quantité, et sur la qualité de la nourriture; il se contente des herbes les plus dures, les plus désagréables, que le cheval et les autres animaux lui laissent et dédaignent; il est fort délicat sur l'eau, il ne veut boire que de la plus claire et aux ruisseaux qui lui sont connus ; il boit aussi sobrement qu'il mange, et n'enfonce point du tout son nez dans l'eau par la peur que lui fait, dit-on, l'ombre de ses oreilles.

BÉLIER.

Cet animal si chétif en lui-même, si dépourvu de sentiment, si dénué de qualités intérieures, est pour l'homme l'animal le plus précieux, celui dont l'utilité est la plus immédiate et la plus étendue; seul il peut suffire aux besoins de première nécessité, il fournit tout à la fois de quoi se nourrir et se vêtir, sans compter les avantages particuliers qu'on sait tirer du suif, de la peau, et même des boyaux, des os et du fumier de cet animal, auquel il semble que la nature n'ait, pour ainsi dire, rien accordé en propre, rien donné que pour le rendre à l'homme.

CHAMEAU.

Dans tous les climats, l'homme trouve des animaux qui le servent très-utilement. Dieu a donné aux Lapons le renne, espèce de cerf, qui les nourrit de son lait et de sa chair, les habille de sa peau, traîne de pesans fardeaux en faisant vingt-cinq lieues par jour, et se contentant pour toute nourriture d'un peu de mousse qu'il découvre sous la neige. Les Arabes ont des Chameaux qui, restant jusqu'à dix jours sans boire, traversent des déserts où l'on fait souvent plus de cent lieues sans rencontrer d'eau. Une petite tête au bout d'un long cou et deux bosses sur le dos ne le rendent pas fort joli ; mais sa docilité, sa force et sa sobriété le rendent bien utile. Il s'agenouille entre les ballots pour qu'on puisse plus aisément le charger et le décharger.

~~~~~~~~~~~~~~~~~~~~~~~~~

DAIM.

Quoique les Daims et les Cerfs se ressemblent, ils ne sont pas pour cela amis. La guerre est déclarée sitôt que les Cerfs veulent un lieu qui convient aux Daims; les deux troupes étant chacune commandée par le plus âgé, les Daims livrent bataille, et les vaincus prennent la fuite.

La peau de Daim est fort recherchée, on en fait des culottes, des gants, etc.

ÉLÉPHANT.

C'est le plus grand et le plus fort des animaux terrestres; il est docile, adroit, sensible et intelligent, s'attache à son maître, se laisse conduire même par un enfant; avec sa trompe, il arrache les arbres, dénoue une corde, débouche une bouteille et en avale le vin, etc. Ses défenses ou longues dents donnent l'ivoire. Parmi plusieurs traits qu'on raconte de cet ingénieux animal, en voici un qui prouve qu'il sait bien se venger sans être méchant.

Un Éléphant apprivoisé ne manquait jamais, en passant, d'alonger sa trompe à la porte d'un tailleur qui le régalait de quelques morceaux de pain. Un malin apprenti s'avisa un jour de la lui piquer; l'animal qu'on menait boire, remplit sa trompe d'eau; en repassant, il la présenta encore au même garçon qui la lui piqua une seconde fois; aussitôt, comme d'une énorme seringue, il fit jaillir une quantité d'eau qui couvrit l'agresseur et inonda la boutique.

Cet animal si massif aime la musique et suit la cadence en marchant.

~~~~~~~~~~~~~~~~~~~~~~~~~~~~~~

F FURET.

Comme la Fouine, il n'habite que les pays tempérés, il vit également à la ville et à la campagne : d'un côté il détruit le petit gibier, de l'autre les volailles ; c'est la nuit principalement qu'il exerce son brigandage ; sans bruit il grimpe dans les greniers, pénètre dans les basses-cours, s'insinue dans les colombiers, fait main-basse sur tout ce qu'il y trouve, suce les œufs, étrangle tout; et quand il s'est bien repu, il tâche d'emporter le reste pièce à pièce, pour lui servir de nourriture, jusqu'à ce qu'il ait trouvé l'occasion d'un nouveau pillage.

∿∿∿∿∿∿∿∿∿∿∿∿∿∿∿∿∿∿∿∿∿∿∿

G GIRAFFE.

Cet animal, confiné dans les déserts de l'Ethiopie et autres provinces de l'Afrique et des Indes, ne s'est jamais répandu dans les pays du Nord, ni même dans les régions tempérées; cependant on le trouve dans les terres voisines du Cap de Bonne-Espérance. Il approche de la figure et de la nature du chameau, et a la peau à peu près comme le léopard; ce qui lui a fait donner le nom de *Caméléopard*. Ses jambes de derrière, qui paraissent beaucoup plus courtes que celles de devant, rendent sa démarche vacillante, ses mouvemens lents et contraints.

H HIÈNE.

Cet animal sauvage et solitaire demeure dans les cavernes des montagnes, dans les fentes des rochers ou dans des tanières qu'il se creuse lui-même sous terre : il est d'un naturel féroce, et quoique pris tout petit, il ne s'apprivoise pas; il vit de proie comme le loup, mais il est plus fort et paraît plus hardi; il attaque quelquefois les hommes, il se jette sur le bétail, suit de près les troupeaux, et souvent rompt dans la nuit les portes des étables et les clôtures des bergeries : ses yeux brillent dans l'obscurité, et l'on prétend qu'il voit mieux la nuit que le jour. Si l'on en croit tous les naturalistes, son cri ressemble aux sanglots d'un homme qui vomirait avec effort, ou plutôt aux mugissemens du veau, comme le dit Kæmpfer, témoin auriculaire.

ICHNEUMON.

L'Ichneumon (on prononce Ikneumon) est domestique

en Egypte, comme le chat l'est en Europe, et il sert de même à prendre les souris et les rats; mais son goût pour la proie est encore plus vif, et son instinct plus étendu que celui du chat, car il chasse également aux oiseaux, aux quadrupèdes, aux serpens, aux insectes, etc.

Son courage est égal à la véhémence de son appetit, et il ne redoute pas même la morsure des serpens, quelque vénimeux qu'ils soient; et lorsqu'il commence à ressentir les impressions de leur venin, il va chercher une racine qui lui sert d'antidote. On l'appelle encore *Rat de Pharaon* et *Mangouste*.

JAGUAR.

Animal carnassier de l'Amérique, à peu près de la grosseur d'un dogue, et tacheté comme le tigre; il attaque les vaches et les bœufs. Affamé, il est dangereux; on le fait fuir en lui présentant un tison allumé. Le Jaguar n'a plus de courage, lorsqu'il a bien mangé.

K   KANGUROO.

Genre de mammifères marsupiaux, beaucoup plus rapprochés des rongeurs que des carnassiers. On les trouve particulièrement à la Nouvelle-Hollande. Les peaux de Kanguroos composent presque uniquement les vêtemens des peuples qui habitent sur tous les points de la Nouvelle-Hollande et de la Terre-de-Diémen.

L LION.

Le Lion, que l'on appelle, à juste titre, le roi des animaux, a la figure imposante, le regard assuré, la démarche fière, la voix terrible; sa taille n'est ni excessive, ni lourde. Par le seul mouvement de sa queue, il peut terrasser un homme. Lorsqu'il est en colère, sa crinière s'agite et se meut en tout sens.

M MARMOTTE.

Les Marmottes, que de pauvres petits Savoyards font

danser pour gagner tristement leur vie, se réunissent plusieurs ensemble, et de concert elles construisent un terrier, domicile héréditaire dans chaque famille. L'une creuse le trou, les autres apportent des herbes et de la mousse pour y faire une couche. Lorsque le beau temps les invite à sortir pour aller paître, postée sur une hauteur, une Marmotte veille à la sûreté publique. Au moindre danger la sentinelle fait un cri, et toute la foule se précipite dans sa tanière.

A l'approche de l'hiver, ces petits animaux bouchent les issues de leurs habitations, et roulés les uns contre les autres, ils y restent engourdis jusqu'au printemps.

NILGAU.

Le Nilgau, ou Buffle de Bengale, est commun en Asie et en Afrique; le mâle et la femelle vont toujours de compagnie; ils sont blancs, avec des taches rousses et noires, et ont des oreilles de demi-aune de long, et les cornes toutes droites. Quand ils voient quelqu'un, ils ne fuient point ni ne font aucun mal, mais regardent les passans.

OURS.

L'Ours s'apprivoise, mais il faut le prendre jeune, autrement il conserverait son caractère farouche. Dans les bois, cet animal vit seul, par déférence pour ceux de son espèce. Parmi les hommes le goût de la retraite a quelquefois le même motif : on se prive du secours des autres, pour être dispensé de leur en porter.

QUINKAJOU.

Le Quinkajou se trouve au Canada et dans les autres parties de l'Amérique la plus septentrionale. Il n'a pas les jambes faites pour courir, il ne peut même marcher que d'un pas lent, mais la ruse supplée à la légèreté qui lui manque; il attend les animaux au passage; il grimpe sur les arbres pour se lancer dessus et les saisir avec avantage. On ne le recherche que pour en avoir sa peau qui fait de magnifiques fourrures.

R RHINOCÉROS.

Cet animal est, après l'éléphant, un des plus gros qu'on connaisse. Sur le nez il porte une corne qui peut devenir meurtrière. Tout son corps est couvert d'un cuir que le fer ne saurait pénétrer. Au bout de sa lèvre supérieure on aperçoit une excroissance pointue, c'est une excroissance qu'il alonge et qui lui tient lieu d'une main. Sans être ni féroce, ni carnassier, ni même extrêmement farouche, le Rhinocéros est cependant intraitable; il est à-peu-près en grand ce que le cochon est en petit, brusque, indocile et sans intelligence.

SINGE.

Le Singe est un animal dont la face est aplatie, dont les dents, les mains, les doigts et les ongles ressemblent à ceux de l'homme, et qui, comme lui, marche sur ses deux pieds.

Cet animal est insensible aux caresses et n'obéit qu'au châtiment; on peut le tenir en captivité, mais non pas en domesticité. Toujours triste ou revêche, toujours répugnant, grimaçant, on le dompte plutôt qu'on ne le prive; aussi l'espèce n'a jamais été domestique nulle part.

~~~~~~

TIGRE.

Dans la classe des animaux carnassiers, le lion est le premier, le tigre est le second; et comme le premier, même dans un mauvais genre, est toujours le plus grand et souvent le meilleur, le second est ordinairement le plus méchant de tous. A la fierté, au courage, à la force, le lion joint la noblesse, la clémence, la magnanimité; tandis que le tigre est bassement féroce, cruel sans justice, c'est-à-dire, sans nécessité. Il en est de même dans tout ordre de choses où les rangs sont donnés par la force; le premier, qui peut tout, est moins tyran que l'autre, qui, ne pouvant jouir de la puissance plénière, s'en venge en abusant du pouvoir qu'il a pu s'arroger.

UNEAU.

On a donné à cet animal le surnom de Paresseux, parce qu'il est très-lent. Cependant sa lenteur est moins l'effet de la paresse que du défaut de conformation. Il lui faut un jour pour grimper sur un arbre; et pour en descendre, il est obligé de se laisser tomber. Malgré sa misère, on ne peut pas dire que l'Uneau soit malheureux, parce qu'il n'est pas né sensible.

VEAU-MARIN.

Le Veau-Marin a la tête ronde comme l'homme, le museau large comme la loutre, les yeux grands et placés haut, peu ou point d'oreilles.

Les Veaux-Marins vivent en société, ou du moins en grand nombre, dans les mêmes lieux; leur climat naturel est le nord.

Sa voix peut se comparer à l'aboiement d'un chien.

L'on a remarqué que le feu des éclairs, ou le bruit du

tonnerre, loin de l'épouvanter, semble le récréer.

~~~~~~~~~~~~~~~~~~~~~~~~~~~~~~~~~~~

X XANDARUS.

Le Xandarus, ou Bubale, a la tête étroite et très-alongée, les yeux placés très-haut, le front cours et étroit, et les cornes noires et grosses; le poil est comme celui de l'élan, plus menu vers la racine que dans son milieu et qu'à l'extrémité.

Cet animal est assez commun en Barbarie et dans toutes les parties septentrionales de l'Afrique. Son cuir est noir et sa chair est bonne à manger.

~~~~~~~~~~~~~~~~~~~~~~~~~~~~~~~~~~~~

Y YARQUE.

L'Yarque est une espèce de singe qui a la queue de sept à huit pouces de long, la tête dégagée de poils longs, le corps assez long et assez mince par le bas. Il y a dans cette espèce des races qui varient par la couleur du poil; ils ont trois pieds ou trois pieds et demi, lorsqu'ils sont debout.

Z   ZÈBRE.

La peau du Zèbre est rayée de noir et de jaune clair, avec tant de symétrie, qu'il semble qu'on a pris le compas pour la peindre. C'est un âne sauvage qui marche avec une grande vîtesse, mais qu'on ne peut monter, parce qu'il est indocile et têtu. Avec sa gentillesse, on le préférerait au cheval, s'il était comme lui, susceptible d'éducation ou familier.

ÉDOUARD,

ou

LA TÊTE POINTUE.

Il était une fois un petit garçon de quatre ans, nommé Edouard, qui assez gentil, assez raisonnable pour son âge, pendant tout le cours de la journée, donnait à son papa, toutes les nuits, un grave sujet de mécontentement. A son réveil, on le trouvait pénétré d'une humidité qu'il aurait bien voulu faire passer pour ce qu'elle n'était pas, mais dont il avouait humblement la cause, tant on l'avait habitué à fuir le mensonge. Prières, soins, menaces, remontrances, punitions, rien n'y faisait, et l'on était au moment de l'envoyer à l'hôpital, comme un enfant incorrigible, quand on crut découvrir enfin l'origine de cet inconcevable défaut.

Lorsque par hasard on racontait en présence d'Edouard quelqu'aventure extraordinaire, quelque histoire de voleurs, cet enfant, que l'on croyait bien occupé de ses joujoux, attachait furtivement ses regards sur le conteur, et semblait épier ses paroles. Son papa remarqua un jour ce manége : « Edouard, lui dit-il, joue donc : notre conversation ne te regarde pas. — Oh! je t'en prie, papa, laisse-moi vous écouter; et quand les voleurs viendront chez nous.... — C'est-à-dire, jamais. — On ne sait pas; ils sont bien entrés chez la dame dont vous parlez. Quand ils viendront donc, j'irai chercher ton grand sabre, et.... (avec une émotion visible), je te le porterai pour que tu les tues tous, tous!!! »

On rit de la saillie; mais le papa fut frappé de la terrible impression que faisaient sur l'esprit de son fils ces histoires imprudemment racontées; il ne se borna pas à les proscrire désormais chez lui ; il redoubla de surveillance, et reconnut en effet que, malgré la clarté de la veilleuse qui, la nuit, brûlait dans l'appartement, l'enfant y pensait malgré lui en s'éveillant, se cachait la tête sous les couvertures, et, dans cette position, s'oubliait au point que nous avons dit ci-dessus.

Une nuit, agité d'une terreur plus profonde, l'enfant poussa des sanglots qu'entendit son père, toujours aux aguets. « Qu'as-tu donc, mon fils ? lui dit-il. — Rien, papa, répondit l'enfant, respirant à peine. — Mais encore ? — C'est que j'ai vu une *tête pointue*. — Une tête....? — Oui, papa; et je la vois encore dans ce coin. — Eh bien ! viens la regarder de plus près. »

Le père alors se leva, prit dans ses

bras le petit poltron, et le porta, malgré sa résistance, dans le recoin qu'il avait indiqué. "Vois, lui dit-il, ta prétendue *tête pointue* ; elle se compose des plis que forment les collets de mon garrick, suspendu à ce porte-manteau!"

Edouard fut honteux de ses vaines terreurs ; il fit mieux : par la suite, il s'en corrigea. Lorsque quelque chose l'effrayait la nuit, il pria, pendant un certain temps, son papa de l'accompagner jusqu'à l'objet de son effroi ; bientôt il alla tout seul le reconnaître, et le résultat de ces démarches courageuses, fut la disparition totale d'un défaut qui lui avait valu tant de réprimandes.

MARIE JASE-TROP.

C'est, surtout dans un enfant, un vilain défaut que le bavardage ; c'en est un autre non moins grave de se mêler, à tort à travers, dans une conversation où l'on n'est point admis.

La petite Aimée, âgée de plus de huit ans, était entichée de ces horribles défauts; aussi toutes les personnes qui fréquentaient la maison trouvaient-elles son caractère insupportable : on ne le lui disait point en face, par égards pour madame sa mère, que l'on voyait sans cesse attentive à la corriger de cette sotte habitude; mais on se regardait; on levait les épaules, et si l'enfant eût voulu y faire un peu d'attention, elle eût sans peine remarqué la sensation fâcheuse que faisait toujours naître sa présence.

Enfin, une dame *très-comme il faut* vint un jour rendre visite à la maman d'Aimée. La petite qui festonnait dans un coin de l'appartement, ayant entendu l'étrangère parler d'une présentation qui avait eu lieu dernièrement à la Cour, s'écria : "Oh! la Cour! je l'ai vue lors de la dernière fête. Mon Dieu! que c'était beau! les dames avaient de superbes robes toutes d'or, et des panaches comme les chevaux du roi. — Vous avez vu tout cela, ma petite? — Oui, madame. — J'en suis charmée.....; mais on ne vous le demandait pas. Comment vous appelez-vous? — Aimée S.***, madame. — En êtes-vous bien sûre? — Très-sûre, madame.—C'est donc moi qui me trompe : je croyais impossible que vous eussiez d'autres noms que ceux de *Marie Jase-Trop*.

L'histoire ne dit pas si cette raillerie, peut-être un peu directe, corrigea la petite fille.

LE FRÈRE ET LA SŒUR.

Julie et Charles avaient la mauvaise habitude de se quereller presque toujours, quoique leur maman ne cessât de leur dire que, s'ils continuaient, ils la rendraient malade.

Enfin elle eut une indisposition assez grave qu'ils attribuèrent à leurs fatigantes tracasseries. Aussitôt ils prirent la résolution de changer de caractère, et se corrigèrent si bien, que leur mère, rétablie en peu de jours, n'eut plus à leur adresser aucun reproche de cette nature.

Ainsi l'amour filial triompha de l'esprit de contradiction.

FABLES.

Les Métiers rivaux.

L'AUTRE jour, entre un boulanger
Et son voisin le chaudronnier,
Survint une querelle vive :
Il s'agissait des droits, de la prérogative,
De l'honneur du métier.
On s'échauffait : lorsqu'un homme fort sage,
Qui, par hasard, passait au même instant,
Leur dit : « Eh ! mes amis, pourquoi tout ce tapage ?
Oubliez, croyez-moi, votre ressentiment :

L'homme à l'homme est nécessaire :
Seul, tous ses efforts sont vains;
Et chacun est tributaire
Des talens de ses voisins.
A vivre unis je vous invite;
Car si l'un de vous, quand j'ai faim,
Pour ma soupe donne le pain,
L'autre me fournit la marmite. »

L'Essieu brisé.

Le son du cor, les coups de fouet, les cris : *Ohé! ohé! ohé! ohé!!!* avaient d'avance attiré tout le monde aux portes et aux fenêtres, dans l'unique rue d'un village que parcourait au grand galop une voiture enveloppée d'un tourbillon de poussière qui la dérobait à tous les regards. « C'est l'équipage d'un seigneur, dit l'un. — D'un prince, reprend l'autre. — Du roi, peut-être, ajoute un troisième. » Tout à coup un des essieux *crie et se rompt*; la voiture renversée s'arrête; le nuage se dissipe : on voit.... la diligence, et personne dedans!

Ceux qui font le plus de bruit n'ont pas toujours le plus de mérite.

L'Amandier et le Poirier.

Un *Amandier*, voyant sur ses rameaux
　　Des fleurs nouvelles et nombreuses,
　　Par ces paroles outrageuses
Attaqua du *Poirier* le tranquille repos :
« Je suis, dit-il, déjà l'honneur de ce bocage;
Ma présence embellit les plus agrestes lieux;
Et toi, sans agrément, engourdi, paresseux,

Tu montres un bois sec, dégarni de feuillage.... »
    Mais, tandis que cet imprudent
    S'exprime avec tant d'arrogance,
Borée accourt, et brûle en un instant
Ces fleurs, de l'*Amandier* trop fragile ornement,
Et qui n'offraient encor des fruits qu'en espérance.

    Redoutez un succès passager, mais flatteur,
Jeunesse aimable, et trop présomptueuse;
    La fleur précoce est rarement heureuse :
C'est pour avoir le fruit que l'on soigne la fleur.

Le Cerf-volant.

« De quoi me sert ce fil qui m'empêche de monter aussi haut que je le désire? disait un Cerf-volant qu'un enfant venait d'enlever dans la plaine. Sans lui, je fendrais la nue comme l'alouette légère. Malheureuse entrave! Ah! si je pouvais rompre ce lien honteux! » Il dit, et profitant d'une brise qui s'élève à propos, donne une secousse violente qui lui rend la liberté. «Victoire! s'écrie-t-il. » Mais à peine a-t-il prononcé ce mot, qu'incapable de se diriger seul dans les vastes régions de l'air, il tombe en tournoyant sur un buisson qui le met en lambeaux.

Ceci est une leçon pour vous, enfans qui prétendez voler de vos propres ailes : tant qu'un sage Mentor vous dirige dans vos études, vos succès sont dignes d'envie; cherchez-vous à rompre ce joug utile, vous perdez avec lui tous les avantages qu'il avait su vous procurer.

L'Enfant et sa Poupée.

Dans une foire un jeune enfant,
Promené par sa gouvernante,
Contemplait d'un œil dévorant
Maint beau colifichet : tout lui plait, tout le tente ;
Il veut polichinel, ensuite un porteur d'eau ;
Et puis il n'en veut plus. « Vous faut-il une épée ?
— Ah ! oui ; mais non : j'aime mieux ce berceau. »
    Il l'eût pris sans une poupée
    Qui le séduisit de nouveau.
  On la lui donne, en sautant il l'emporte ;
  Chez la maman le voilà de retour.
    Aux gens du logis tour à tour
Il fait baiser l'objet qui d'aise le transporte ;
    Depuis le matin jusqu'au soir,
    De chambre en chambre il la promène ;
  Pour se coucher il la quitte avec peine,
Et s'endort, en pleurant, dans les bras de l'espoir.
En dormant, il en rêve, et le jour lui ramène
Sa Mimi : « Qu'on l'apporte ! » Eh ! vîte ! il veut la voir.
    Près de huit jours, avec exactitude,
    Fanfan s'amusa de Catin :
Il paraissait content ; mais le petit coquin
De la possession se fit une habitude.
L'habitude et le froid se tiennent par la main ;
Le froid donc s'ensuivit et le dégoût enfin.

FIN.

www.ingramcontent.com/pod-product-compliance
Lightning Source LLC
LaVergne TN
LVHW021717080426
835510LV00010B/1014